Lb 41
413

TESTAMENS

DE LOUIS XVI,

ET DE MARIE-ANTOINETTE,

REINE DE FRANCE.

DE L'IMPRIMERIE DE J.-L. MAILLET.

TESTAMENS

DE LOUIS XVI,

ET

DE MARIE-ANTOINETTE,

REINE DE FRANCE;

PRÉCÉDÉS

Du Discours de M. le Comte de CAZES à la Chambre des Députés, et de celui de M. le Vicomte de CHATEAUBRIAND à la Chambre des Pairs.

A LYON,

Chez CHAMBET, Libraire, rue Lafont.

1816.

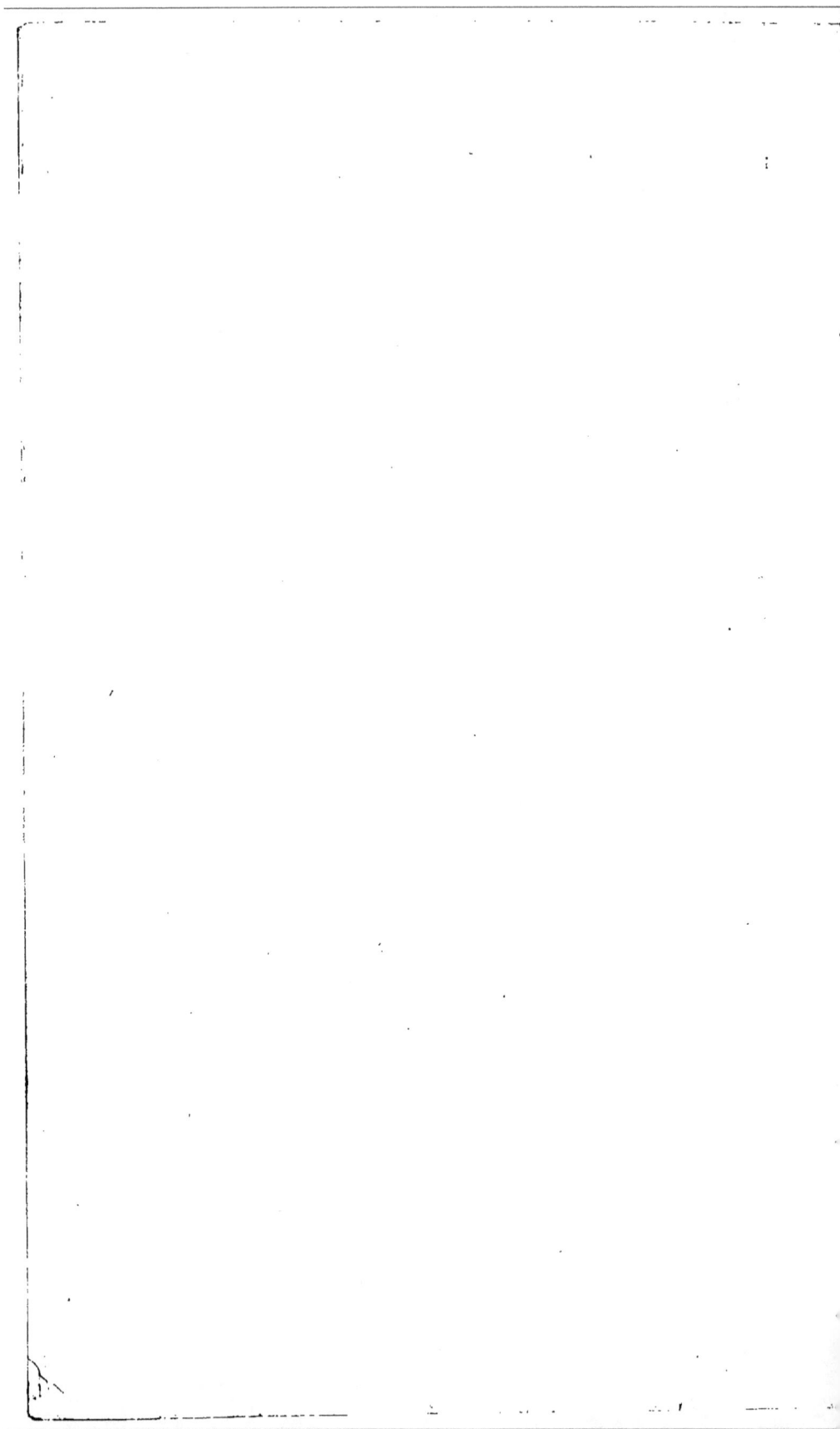

TESTAMENS

DE LOUIS XVI,

ET DE MARIE-ANTOINETTE,

REINE DE FRANCE.

~~~~~~~~~~~~~~~~~~~~~~~~~~~~~~~~

EXTRAIT

*Du Discours de M. le Comte de CAZES
à la Chambre des Députés.*

LA mort du juste n'est jamais perdue pour la posté-
rité ; elle donne toujours de graves et salutaires leçons.
La Providence avait permis qu'il restât une trace écrite
des dernières pensées , des derniers vœux que formait
pour son peuple un Monarque dont le nom est à jamais
consacré dans le souvenir des hommes ; elle avait permis
qu'il existât un testament de Louis XVI. Mais cette triste
consolation ne nous avait pas été accordée parmi les tou-
chans souvenirs que laissait la plus auguste et la plus
infortunée des mères , des épouses et des reines , la Fille
de Marie-Thérèse , cette princesse digne du fils de Saint-
Louis , digne de partager sa couronne et son martyre.

Dieu seul avait entendu la voix de la Reine mourante : son auguste Fille n'avait pas recueilli l'expression de ses derniers vœux. Vingt-trois ans se sont écoulés depuis que cet écrit a été tracé à l'heure dernière de la plus aimée comme de la plus malheureuse des Souveraines. Enfin la Providence a permis qu'il pût être présenté à l'auguste Fille de nos Rois, et porter quelque adoucissement à ses douleurs, alors même qu'il les renouvelle. Cette lettre est reconnaissable par l'empreinte de l'écriture de la Reine, dont les caractères ne sont nulle part tracés d'une main plus ferme et plus sûre, comme pour montrer le calme de son ame en cet affreux moment. Elle n'est pas signée, mais l'authenticité en est garantie par un témoignage qui inspire l'horreur. ... Le testament de la victime est signé par ses bourreaux. »

LETTRE

DE MARIE-ANTOINETTE,

REINE DE FRANCE,

A SA SOEUR MADAME ELISABETH,

Ecrite de sa main, et communiquée par ordre du ROI à la Chambre des Pairs et à celle des Députés, le 22 Février 1816.

Ce 16 Octobre, à 4 heures et demie du matin.

C'EST à vous, ma sœur, que j'écris pour la dernière fois. Je viens d'être condamnée, non pas à une mort honteuse, elle ne l'est que pour les criminels, mais à aller rejoindre votre Frère ; comme lui innocente , j'espère montrer la même fermeté que lui dans ces derniers momens. Je suis calme comme on l'est quand la conscience ne reproche rien ; j'ai un profond regret d'abandonner mes pauvres enfans ; vous savez que je n'existais que pour eux et vous, ma bonne et tendre Sœur, vous qui avez par votre amitié tout sacrifié pour être avec nous ; dans quelle position je vous laisse ! J'ai appris par le plaidoyer même du procès, que ma fille était séparée de vous. Hélas ! la pauvre enfant, je n'ose lui écrire; elle ne recevrait pas ma lettre. Je ne sais même pas si celle-ci vous parviendra. Recevez pour eux deux ici ma bénédiction. J'espère qu'un jour, lorsqu'ils seront plus grands, ils pourront se réunir avec vous, et jouir en entier de vos tendres soins. Qu'ils pensent tous deux à ce que je n'ai cessé de leur inspirer; que les principes et l'exécution exacte de ses devoirs sont la première base de la vie ; que leur amitié et leur confiance mutuelle en feront le bonheur. Que ma fille sente qu'à l'âge qu'elle a, elle doit toujours aider son frère par les conseils que l'expérience qu'elle aura de plus que lui et son amitié pourront lui inspirer. Que mon fils, à son tour, rende à sa sœur tous les soins et les services que l'amitié peut inspirer. Qu'ils sentent enfin tous deux que, dans quelque position où ils pourront se trouver, ils ne seront vraiment heureux que par leur union. Qu'ils prennent exemple de nous. Combien dans nos malheurs notre amitié nous a donné de consolation ! Et dans le bonheur on jouit doublement quand on peut le partager avec un ami ; et où en trouver de plus tendre, de plus cher, que dans sa propre famille ? Que mon fils n'oublie jamais les derniers mots de son père, que je lui répète expressément : qu'il ne cherche jamais à venger notre mort.

J'ai à vous parler d'une chose bien pénible à mon cœur. Je sais combien cet enfant doit vous avoir fait de la peine; pardonnez-lui, ma chère Sœur; pensez à l'âge qu'il a, et combien il est facile de faire dire à un enfant ce qu'on veut, et même ce qu'il ne comprend pas. Un jour viendra, j'espère, où il ne sentira que mieux tout le prix de vos bontés et de votre tendresse pour tous deux. Il me reste à vous confier encore mes dernières pensées. J'aurais voulu les écrire dès le commencement du procès; mais, outré qu'on ne me laissait pas écrire, la marche en a été si rapide, que je n'en aurais réellement pas eu le temps.

Je meurs dans la religion catholique, apostolique et romaine, dans celle de mes pères, dans celle où j'ai été élevée et que j'ai toujours professée, n'ayant aucune consolation spirituelle à attendre, ne sachant pas s'il existe encore ici des prêtres de cette religion; et même le lieu où je suis les exposerait trop, s'ils y entraient une fois.

Je demande sincèrement pardon à Dieu de toutes les fautes que j'ai pu commettre depuis que j'existe. J'espère que dans sa bonté il voudra bien recevoir mes derniers vœux, ainsi que ceux que je fais depuis long-temps pour qu'il veuille bien recevoir mon âme dans sa miséricorde et sa bonté. Je demande pardon à tous ceux que je connais, et à vous, ma Sœur, en particulier, de toutes les peines que, sans le vouloir, j'aurais pu vous causer. Je pardonne à tous mes ennemis le mal qu'ils m'ont fait. Je dis ici adieu à mes tantes et à tous mes frères et sœurs. J'avais des amis; l'idée d'en être séparée pour jamais et leurs peines sont un des plus grands regrets que j'emporte en mourant : qu'ils sachent, du moins, que jusqu'à mon dernier moment j'ai pensé à eux. Adieu, ma bonne et tendre Sœur ; puisse cette lettre vous arriver ! Pensez toujours à moi. Je vous embrasse de tout mon cœur, ainsi que mes pauvres et chers enfans. Mon Dieu ! qu'il est déchirant de les quitter pour toujours ! Adieu, adieu ! Je ne vais plus m'occuper que de mes devoirs spirituels. Comme je ne suis pas libre dans mes actions, on m'amènera peut-être un prêtre ; mais je proteste ici que je ne lui dirai pas un mot, et que je le traiterai comme un être absolument étranger.

Pour copie conforme à l'original, écrit en entier de la main de S. M. la Reine Marie-Antoinette.

Le Ministre de la Police générale, Comte de Cazes.

DISCOURS

De M. le Vicomte de CHATEAUBRIAND,

A LA CHAMBRE DES PAIRS,

Après la communication donnée pas M. le Ministre des affaires étrangères de la Lettre de la Reine MARIE-ANTOINETTE.

Messieurs,

Un mois juste s'est écoulé depuis le jour où vous fûtes appelés à Saint-Denis ; vous y entendites la lecture de l'évangile du jour, du testament de Louis XVI : voici un autre testament. C'est quatre heures avant de mourir, que Marie-Antoinette a écrit ce que vous venez d'entendre. Avez-vous remarqué dans cette lettre quelques traces de faiblesse ?.... Marie-Antoinette, du fond

des cachots , écrit à Mad. Elisabeth aussi tranquillement
qu'elle l'eût fait au milieu des adorations et des pom-
pes de Versailles. Le premier crime de la révolution
fut la mort du Roi , mais le crime le plus affreux fut
la mort de la Reine, Le Roi du moins conserva quelque
chose de la royauté jusque dans les fers , jusqu'à l'é-
chafaud ; le tribunal de ses prétendus juges était nom-
breux..... Le fils de Saint Louis eut un prêtre de sa
religion pour aller à la mort , et il n'y fut pas traîné
sur le char commun des victimes ; mais la fille des
Césars , couverte de lambeaux , réduite à raccommoder
elle-même ses vêtemens , outragée devant un tribunal
infâme , par quelques assassins qui se disaient des juges ,
conduite sur un tombereau au supplice , et cependant
toujours reine !..... Il faudrait , Messieurs , avoir le
courage même de cette grande victime pour achever
ce récit.

Vingt-trois années sont révolues depuis que cette
lettre a été écrite : ceux qui eurent la main dans les
crimes de cette époque (du moins ceux qui n'ont point
été rendre compte de leurs œuvres à Dieu) , ont vécu
dans ce qu'on appelle la prospérité ; ils cultivaient leurs
champs en paix, comme si leurs mains étaient innocentes...

Celui qui nous a conservé le testament de Marie-
Antoinette avait acheté la terre de Montroisier : juge
de Louis XVI , il avait élevé dans cette terre un mo-
nument à la mémoire du défenseur de Louis XVI ; il
avait écrit lui-même une épitaphe en vers français à la
louange de M. de Malesherbes. N'admirons point ceci :
pleurons plutôt sur la France. Cette épouvantable im-
partialité , qui ne produit ni remords ni expiations , le
calme du crime qui juge équitablement la vertu , an-

noncent que tout est déplacé dans le monde moral ; que
le mal et le bien sont confondus. Mais admirons la
Providence , dont les regards ne se détournent jamais
du coupable : il croit échapper à travers les révolutions ,
il parvient au bonheur , à la puissance..... Les généra-
tions passent , les années s'accumulent , les impressions
s'effacent , tout semble oublié : la vengeance divine ar-
rive tout-à-coup , se présente face à face devant le
criminel , et lui dit en l'arrêtant : me voici. En vain
le testament de Louis XVI assure la grace aux coupa-
bles : un esprit de vertige les saisit ; ils déchirent eux-
mêmes ce testament ; ils ne veulent plus être sauvés.
La voix du peuple se fait entendre par la voix de la chambre des députés ; la sentence est prononcée ; et , par un
enchaînement de miracles , le premier résultat de cette
sentence est de faire découvrir le testament de la Reine.

Messieurs , c'est à notre tour à prendre l'initiative. La
chambre des députés a voté une adresse au Roi , pour
protester contre le crime du 21 janvier ; témoignons tous
l'horreur que nous inspire le crime du 16 octobre.

Je propose que M. le président , à la tête de la grande
députation , porte aux pieds de S. M. les très-respectueux
remercîmens des pairs de France ; qu'il exprime toute la
douleur qu'ils ont ressentie à la lecture de la lettre de la
Reine , et toute l'horreur qu'ils éprouvent de l'épouvantable attentat dont cette lettre rappelle le souvenir ; qu'il
dise à S. M. que la chambre des pairs se joint de cœur et
d'âme à celle des députés , dans les sentimens exprimés
par le serment prononcé par cette dernière chambre ,
relativement au crime du 21 janvier , suppliant le Roi
de permettre que le nom de la chambre des pairs ne soit
point oublié sur les monumens qui serviront à éterniser
les regrets et le deuil de la France.

TESTAMENT DE LOUIS XVI.

AU nom de la très Sainte-Trinité, du Père et du Fils, et du Saint-Esprit. Aujourd'hui vingt·cinquième jour de décembre 1792, moi, Louis, seizième du nom, Roi de France, étant, depuis plus de quatre mois, renfermé, avec ma famille, dans la tour du Temple, à Paris, par ceux qui étaient mes sujets, et privé de toute communication quelconque, même depuis le 11 du courant, avec ma famille; de plus, impliqué dans un procès dont il est impossible de prévoir l'issue, à cause des passions des hommes, et dont on ne trouve aucun prétexte ni moyens dans aucune loi existante; n'ayant que Dieu pour témoin de mes pensées, et auquel je puisse m'adresser, je déclare ici, en sa présence, mes dernières volontés et mes sentimens.

Je laisse mon âme à Dieu, mon créateur; je le prie de la recevoir dans sa miséricorde, de ne pas la juger d'après ses mérites, mais par ceux de notre Seigneur Jésus-Christ, qui s'est offert en sacrifice à Dieu son père, pour nous autres hommes, quelque indignes que nous en fussions, et moi le premier.

Je meurs dans l'union de notre sainte mère l'Eglise catholique, apostolique et romaine, qui tient ses pouvoirs par une succession non interrompue, de saint Pierre, auquel Jésus-Christ les avoit confiés.

Je crois fermement et je confesse tout ce qui est contenu dans le symbole et les commandemens de Dieu et de l'Eglise, les sacremens et les mystères, tels que l'Eglise catholique les enseigne et les a toujours enseignés. Je n'ai jamais prétendu me rendre juge dans les différentes manières d'expliquer les dogmes qui déchirent l'Eglise de Jésus-Christ ; mais je m'en suis rapporté, et rapporterai toujours, si Dieu m'accorde vie, aux décisions que les supérieurs ecclésiastiques, unis à la sainte Eglise catholique, donnent et donneront, conformément à la discipline de l'Eglise, suivie depuis Jésus-Christ.

Je plains de tout mon cœur nos frères qui peuvent être dans l'erreur ; mais je ne prétends pas les juger, et je ne les aime pas moins tous en Jésus-Christ, suivant ce que la charité chrétienne nous enseigne. Je prie Dieu de me pardonner tous mes péchés ; j'ai cherché à les connaître scrupuleusement, à les déstester et à m'humilier en sa présence. Ne pouvant me servir du ministère d'un prêtre catholique, je prie Dieu de recevoir la confession que je lui en ai faite, et surtout le repentir profond que j'ai d'avoir mis mon nom (quoique cela fût contre ma volonté) à des actes qui peuvent être contraires à la discipline et à la croyance de l'Eglise catholique, à laquelle je suis toujours resté sincèrement uni de cœur.

Je prie Dieu de recevoir la ferme résolution où je suis, s'il m'accorde vie, de me servir, aussitôt que je le pourrai, du ministère d'un prêtre catholique, pour m'accuser de tous mes péchés, et recevoir le sacrement de pénitence.

Je prie tous ceux que je pourrais avoir offensés par inadvertance (car je ne me rappelle pas d'avoir fait sciemment aucune offense à personne), ou ceux à qui j'aurais pu avoir donné de mauvais exemples ou des scandales, de me pardonner le mal que je peux leur avoir fait ; je prie tous ceux qui ont de la charité, d'unir leurs prières aux miennes, pour obtenir de Dieu le pardon de mes péchés.

Je pardonne, de tout mon cœur, à ceux qui se sont

faits mes ennemis, sans que je leur aie donné aucun su-
jet, et je prie Dieu de leur pardonner, de même qu'à
ceux qui, par un faux zèle, ou par un zèle mal entendu,
m'ont fait beaucoup du mal.

Je recommande à Dieu, ma femme et mes enfans,
ma sœur et mes tantes, mes frères, et tous ceux qui me
sont attachés par le lien du sang, ou par quelqu'autre
manière que ce puisse être ; je prie Dieu particulière-
ment de jeter des yeux de miséricorde sur ma femme ;
mes enfans et ma sœur, qui souffrent depuis long-temps
avec moi, de les soutenir par sa grace, s'ils viennent à
me perdre, et tant qu'ils resteront dans ce monde péris-
sable.

Je recommande mes enfans à ma femme : je n'ai jamais
douté de sa tendresse maternelle pour eux ; je lui recommande surtout d'en faire de bons chrétiens et d'honnêtes
hommes, de ne leur faire regarder les grandeurs de ce
monde - ci (s'ils sont condamnés à les éprouver), que
comme des biens dangereux et périssables, et de tour-
ner leurs regards vers la seule gloire solide et durable de
l'éternité ; je prie ma sœur de vouloir continuer sa tendresse à mes enfans, et de leur tenir lieu de mère, s'ils
avaient le malheur de perdre la leur.

Je prie ma femme de me pardonner tous les maux
qu'elle souffre pour moi, et les chagrins que je pourrais
lui avoir donnés dans le cours de notre union ; comme
elle peut être sûre que je ne garde rien contre elle, si
elle croyait avoir quelque chose à se reprocher.

Je recommande bien vivement à mes enfans, après ce
qu'ils doivent à Dieu, qui doit marcher avant tout, de
rester toujours unis entr'eux, soumis et obéissans à leur
mère, et reconnaissans de tous les soins et les peines

qu'elle se donne pour eux et en mémoire de moi. Je les prie de regarder ma sœur comme une seconde mère.

Je recommande à mon fils, s'il avait le malheur de devenir Roi, de songer qu'il se doit tout entier au bonheur de ses concitoyens ; qu'il doit oublier toute haine et tout ressentiment, et nommément, ce qui a rapport aux malheurs et aux chagrins que j'éprouve, qu'il ne peut faire le bonheur des peuples, qu'en régnant suivant les lois : mais en même temps, qu'un Roi ne peut les faire respecter, et faire le bien qui est dans son cœur, qu'autant qu'il a l'autorité nécessaire, et qu'autrement, étant lié dans ses opérations, et n'inspirant point de respect, il est plus nuisible qu'utile.

Je recommande à mon fils d'avoir soin de toutes les personnes qui m'étaient attachées, autant que les circonstances où il se trouvera lui en donneront les facultés ; de songer que c'est une dette sacrée, que j'ai contractée envers les enfans ou les parens de ceux qui ont péri pour moi, et ensuite de ceux qui sont malheureux pour moi.

Je sais qu'il y a plusieurs personnes de celles qui m'étaient attachées, qui ne se sont pas conduites envers moi comme elles le devaient, et qui ont même montré de l'ingratitude ; mais je leur pardonne (souvent, dans les momens de trouble et d'effervescence, on n'est pas le maître de soi), et je prie mon fils, s'il en trouve l'occasion, de ne songer qu'à leur malheur.

Je voudrais pouvoir témoigner ici ma reconnaissance à ceux qui m'ont montré un attachement véritable et désintéressé ; d'un côté, si j'ai été sensiblement touché de l'ingratitude et de la déloyauté de gens à qui je n'avais jamais témoigné que des bontés, à eux, ou à leur parens ou amis ; de l'autre, j'ai eu de la consolation à voir l'attachement et l'intérêt gratuit que beaucoup de personnes m'ont montrés. Je les prie d'en recevoir tous mes remercimens : dans la situation où sont encore les choses ; je craindrais de les compromettre, si je parlais plus explicitement, mais je recommande spécialement à mon fils, de chercher les occasions de les reconnaître.

Je croirais calomnier cependant les sentimens de la nation, si je ne recommandais ouvertement à mon fils MM. de Chamilly et Hue, que leur véritable attachement pour moi avait portés à s'enfermer avec moi dans ce triste séjour, et qui ont pensé en être les malheureuses victimes ; je lui recommande aussi Cléry, des soins duquel j'ai eu tout lieu de me louer depuis qu'il est avec moi : comme c'est lui qui est resté avec moi jusqu'à la fin, je prie messieurs de la Commune de lui remettre mes hardes, mes livres, ma montre, ma bourse, et mes autres effets qui ont été déposés au conseil de la Commune.

Je pardonne encore très volontiers à ceux qui me gardaient, les mauvais traitemens et les gênes dont ils ont cru devoir user envers moi : j'ai trouvé quelques âmes sensibles et compatissantes : que celles-là jouissent dans le cœur, de la tranquillité que doit leur donner leur façon de penser !

Je prie MM. de Malesherbes, Tronchet et Desèze, de recevoir ici tous mes remercimens, et l'expresion de ma sensibilité pour tous les soins et les peines qu'ils se sont donnés pour moi.

Je finis en déclarant devant Dieu, et prêt à paraître devant lui, que je ne me reproche aucun des crimes qui sont avancés contre moi.

Fait double à la tour du Temple, le 23 décembre 1792.

Signé LOUIS.

Est écrit BAUDRAIS, officier municipal.